4° Z
E SENNE
3006

AF459789

CHAMBRE DE COMMERCE DE PARIS

AGRANDISSEMENT
de la
Chambre de Commerce
DE PARIS

CÉRÉMONIE D'INAUGURATION
du 30 Décembre 1891

SOUS LA PRÉSIDENCE DE M. LE MINISTRE DU COMMERCE, DE L'INDUSTRIE ET DES COLONIES

PARIS
Librairies-Imprimeries réunies
May et Motteroz, Directeurs
2, rue Mignon, 2

1892

A Monsieur CARNOT

Président de la République

HOMMAGE

de la

Chambre de Commerce de Paris

Monsieur le Président de la République,

La Chambre de Commerce de Paris a l'honneur de vous offrir un exemplaire, spécialement tiré à votre intention, des discours prononcés lors de la cérémonie d'inauguration du 30 Décembre dernier, à laquelle vous aviez bien voulu vous faire représenter par l'un des officiers de votre maison militaire, M. le Commandant Jauréguiberry.

Nous vous prions d'agréer l'hommage de cette publication destinée à consacrer le souvenir des marques de haut et sympathique intérêt données à la Chambre de Commerce de Paris en cette circonstance.

Elle sait quels encouragements et quel appui les représentants élus du Commerce et de l'Industrie trouvent toujours auprès du Gouvernement de la République; elle sait quelle sollicitude et quelle compétence le premier Magistrat du Pays apporte lui-même dans les grandes questions économiques d'où dépendent la force et la prospérité de la France.

Honorée de la haute protection du Chef de l'État, la Chambre de Commerce de Paris ne cessera de multiplier ses efforts pour la justifier par ses sentiments patriotiques et son absolu dévouement.

Daignez agréer,

Monsieur le Président de la République,

l'hommage de notre profond respect.

J. Cousté

Président de la chambre de commerce

Vice président

Martial Bernard
secrétaire

Trésorier

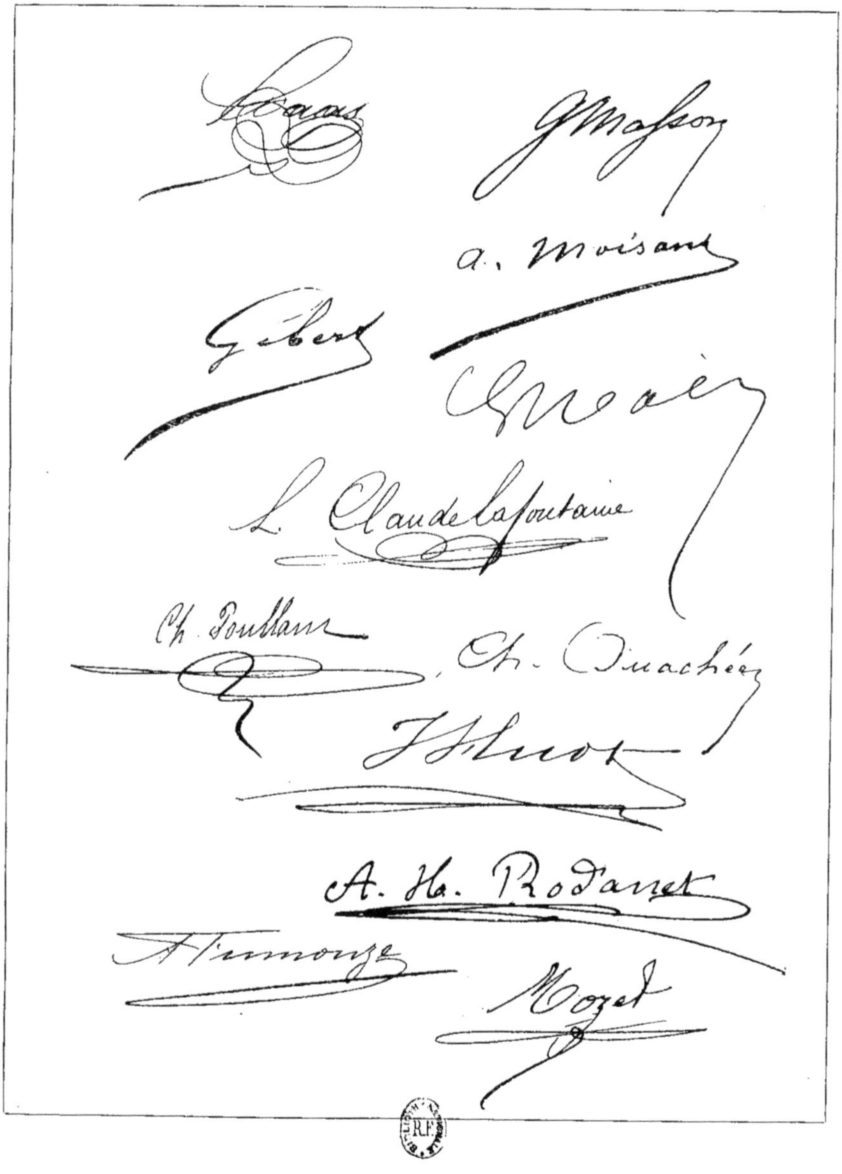

Haas

G. Masson

A. Moisant

Gibert

Chaix

L. Claude Lafontaine

Ch. Poullain

Ch. Quachée

F. Huot

A. Ha. Rodanet

A. Firmonge

Mozet

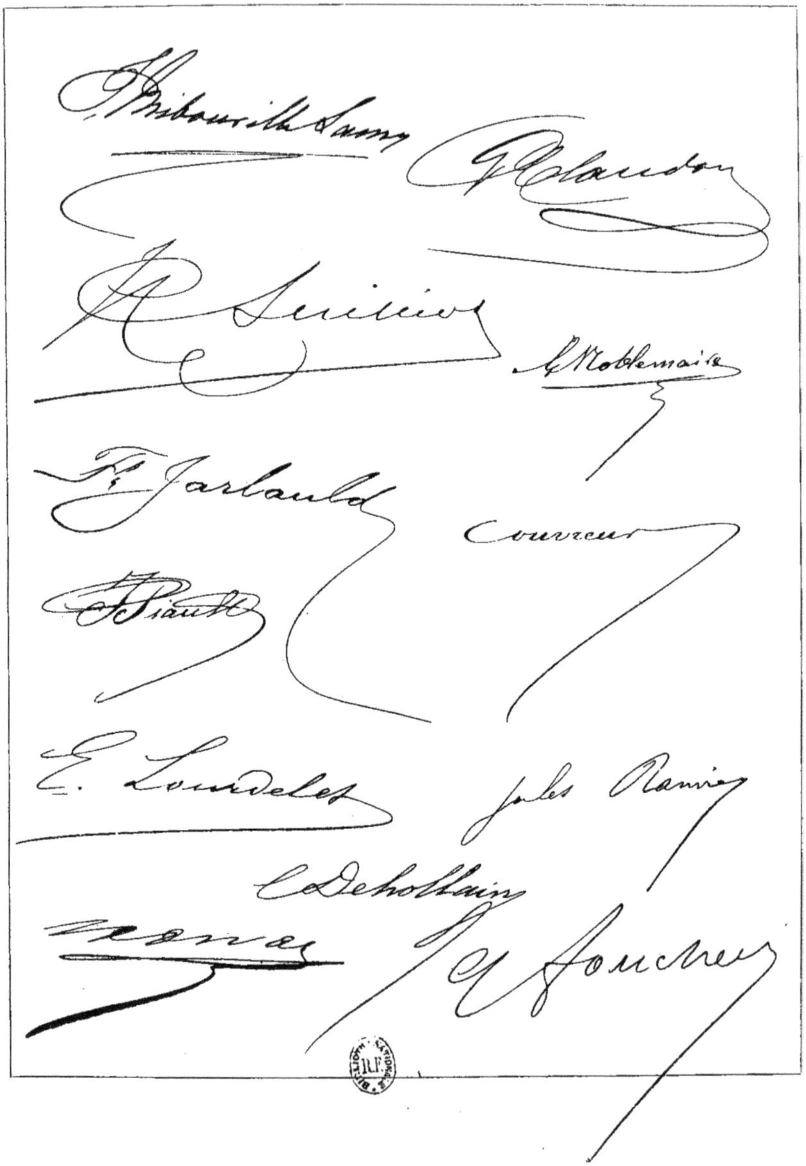

Thibaudville Lacour

G. Claudon

A. Sevène

G. Noblemaire

Fr. Jarlauld

Couvreur

A. Piault

E. Loudelet

Jules Ranier

C. Dehollain

Leman

G. Foucher

Henri Lemoine

E. Choquet L. Pector

Victor Thiébaut

A. Lavier Delaunay Deluville

E. Camus

AGRANDISSEMENT

de la

CHAMBRE DE COMMERCE

DE PARIS

CÉRÉMONIE D'INAUGURATION

Du 30 Décembre 1891

CHAMBRE DE COMMERCE DE PARIS

AGRANDISSEMENT
de la
Chambre de Commerce
DE PARIS

CÉRÉMONIE D'INAUGURATION
du 30 Décembre 1891

SOUS LA PRÉSIDENCE DE M. LE MINISTRE DU COMMERCE, DE L'INDUSTRIE ET DES COLONIES

PARIS
Librairies-Imprimeries réunies
MAY et MOTTEROZ, Directeurs
2, rue Mignon, 2

1892

CHAMBRE DE COMMERCE DE PARIS

CÉRÉMONIE D'INAUGURATION

du 30 Décembre 1891

Fixée d'abord au 23 décembre, et ajournée en raison d'empêchements survenus à M. le Ministre du Commerce, de l'Industrie et des Colonies, l'inauguration des nouveaux locaux de la Chambre de Commerce de Paris a eu lieu définitivement le mercredi 30 décembre 1891, à dix heures du matin.

M. le Président de la République avait bien voulu se faire représenter par l'un des officiers de sa maison militaire, M. le commandant Jauréguiberry, à cette cérémonie que présidait M. Jules Roche, Ministre du Commerce, de l'Industrie et des Colonies.

M. Yves Guyot, Ministre des Travaux Publics, avait tenu, par sa présence, à donner également un témoignage de son haut intérêt à la Chambre de Commerce de Paris et au commerce parisien tout entier.

M. Poubelle, Préfet de la Seine, siégeait comme Président d'honneur de la Chambre de Commerce.

M. Péan, Président du Conseil Général de la Seine, et M. Vavasseur, Maire du deuxième arrondissement de Paris, avaient également répondu à l'invitation qui leur avait été adressée.

Autour d'eux se groupaient plusieurs Députés et Sénateurs particulièrement dévoués aux intérêts commerciaux, notamment M. Pierre Legrand, ancien Ministre du Commerce; MM. Léon Say, Félix Faure, Christophle, J. Siegfried, Réaux, Charles Roux, Doumer; Ouvré, ancien membre de la Chambre de Commerce;

MM. Poirrier, Sénateur, et Roy, anciens Présidents de la Chambre de Commerce;

MM. Michau, Bessand, Baudelot, Deshayes, Guillotin, anciens Présidents du Tribunal de Commerce;

MM. les Directeurs de plusieurs grands services ministériels, savoir : M. le comte d'Ormesson, Ministre plénipotentiaire, Directeur du Protocole; M. Clavery, Ministre plénipotentiaire, Directeur des Consulats; M. Favette, Directeur de l'Enseignement technique; M. Sébillot, Chef du cabinet du Ministre des Travaux Publics.

On comptait enfin, parmi les assistants, plusieurs Présidents des Conseils d'administration ou Directeurs des grandes Compagnies de chemins de fer ou de navigation, ainsi que de nos grands établissements financiers, et un grand nombre de Présidents des Groupes syndicaux et des principales Chambres syndicales de Paris.

La séance est ouverte à dix heures précises par **M.** le Ministre du Commerce, qui donne la parole à **M.** Cousté, Président de la Chambre de Commerce de Paris.

DISCOURS DE M. J. COUSTÉ

Président de la Chambre de Commerce de Paris.

MONSIEUR LE COMMANDANT,

M. le Président de la République a bien voulu vous déléguer pour le représenter à cette cérémonie.

Au nom de la Chambre de Commerce de Paris, au nom de tous les assistants, permettez-moi de vous souhaiter la bienvenue.

Si la Chambre de Commerce s'efforce de remplir scrupuleusement sa mission, elle est soutenue dans sa tâche par l'intérêt que lui témoigne sans cesse le Gouvernement et par la sollicitude et la compétence que M. le Président Carnot apporte lui-même à l'étude des grandes questions d'affaires.

Il sait que la véritable guerre entre les peuples est aujourd'hui la guerre des tarifs et que toutes ces questions vitales sont l'essence même de notre commerce et de notre industrie, qui constituent la source de la richesse et de la force de la France.

Aussi leurs représentants se font-ils un devoir de se souvenir toujours que la République les encourage et que le premier Magistrat du pays veut bien être leur protecteur.

Soyez donc, Commandant, notre interprète auprès de M. le Président de la République, en l'assurant de notre profond respect et de notre entier dévouement; dites-lui combien nous sommes honorés de la grande faveur qu'il nous a faite aujourd'hui en vous donnant mission de venir inaugurer l'installation nouvelle de notre Compagnie; transmettez-lui enfin nos chaleureux remerciements. (*Applaudissements unanimes.*)

Messieurs,

J'ai tout d'abord le regret de vous annoncer que M. le Ministre des Affaires Étrangères, M. le Ministre de l'Instruction publique et des Beaux-Arts, M. Étienne, sous-secrétaire d'État aux Colonies, retenus par leurs travaux, se sont excusés.

Mais je suis heureux de me faire en même temps l'interprète de la Chambre de Commerce en exprimant sa vive gratitude à M. le Ministre du Commerce,

A M. le Ministre des Travaux Publics,

A M. le Préfet de la Seine,

A M. Péan, Président du Conseil général,

A M. Vavasseur, Maire du deuxième arrondissement,

A M. le comte d'Ormesson, Directeur du Protocole, et à MM. les Directeurs des divers Départements ministériels,

A MM. les Sénateurs et Députés,

A MM. les anciens Présidents et anciens Membres du Tribunal de Commerce,

A tous ceux enfin qui ont bien voulu, par leur présence, accroître la solennité de l'inauguration des nouveaux bâtiments dont notre Compagnie prend aujourd'hui possession.

Elle se félicite de pouvoir, en cette circonstance, les entourer de ses Membres et anciens Membres, des notabilités autorisées du commerce, de l'industrie, de la finance, des grandes Compagnies de transport par voie de fer et de mer, enfin des Présidents des principaux syndicats parisiens.

L'augmentation récente du nombre des Membres de la Chambre de Commerce et l'extension croissante de ses travaux l'ont amenée à réaliser enfin un projet d'agrandissement qui faisait depuis longtemps l'objet de ses études.

Sa première pensée, en commençant cette construction, a été d'y attacher le souvenir des noms honorés du Président de la République, M. Carnot; du Ministre du Commerce, de l'Industrie et des Colonies, M. J. Roche; du Ministre des Travaux publics, M. Yves Guyot; du Ministre des Affaires Étrangères, M. Ribot; du Ministre de l'Instruction publique, M. Bourgeois, et du Préfet de la Seine, M. Poubelle. Ces noms, ainsi que ceux du Président et des Membres de la Chambre de Commerce en fonctions, ont été gravés sur une plaque commémorative, déposée sous la première pierre des nouvelles constructions.

Commencées en juillet, elles viennent de prendre fin, malgré les difficultés résultant d'une saison exceptionnellement défavorable.

Le nouveau bâtiment, construit sur l'ancienne cour de l'hôtel, a permis de doter la Chambre d'une salle de séances d'une ampleur en rapport avec les besoins et la dignité de cette Assemblée. Il en est de même du vestibule qui précède cette grande salle et des dégagements qui lui sont contigus. Une meilleure distribution des anciens locaux a permis, en même temps, de mettre deux autres pièces à la disposition des Commissions et d'installer le Cabinet de la Présidence dans des conditions de convenance qu'il était loin de remplir précédemment. Une salle d'attente, qui faisait absolument défaut, a trouvé place aussi dans ce remaniement d'ensemble.

D'autre part, la Bibliothèque a reçu d'importantes améliorations. La pièce qui fait suite à la salle principale a été surélevée au niveau de la première, en vue surtout d'établir — dans la seconde — une galerie supérieure reconnue indispensable pour suffire au placement des collections de plus en plus nombreuses de la Bibliothèque.

Outre ces travaux, opérés au premier étage, le rez-de-chaussée, affecté à la Condition des soies et laines, a bénéficié des emplacements dus à la nouvelle construction et de toutes les améliorations qui se sont étendues à l'ancienne.

On ne saurait enfin passer sous silence la décoration très justement remarquée du grand escalier qui, tout en conservant ses dispositions primitives, a pris, dans une note simple et grave, le caractère qui convient à l'accès de la Chambre de Commerce de Paris.

De tels travaux font honneur au talent de l'architecte, qui les a conçus et dirigés, et aux entrepreneurs recommandables qui les ont exécutés ; ils sont de tous points dignes de leur destination.

Ils nécessitaient une importante dépense ; elle a été limitée, grâce à l'économie très strictement observée par la Chambre de Commerce et grâce aussi à la surveillance attentive de son honorable et habile architecte, M. Lisch. Cette dépense, couverte par des disponibilités accumulées à l'avance, ne viendra charger en rien les patentables, auxquels il incombe d'alimenter le budget annuel de la Chambre de Commerce.

L'œuvre qui vient de s'achever arrive à son heure ; elle est comme le couronnement d'un passé qui ne doit pas être oublié en face du présent, car c'est lui qui l'a préparé. (*Applaudissements.*)

En jetant un coup d'œil sur les précédents de la Chambre de Commerce de Paris, on constate aisément ses progrès successifs.

Son installation matérielle se limita, tout d'abord, à un local de l'Hôtel de Ville, où elle séjourna jusqu'en 1826, époque de l'inauguration de la Bourse de la rue Vivienne, dans laquelle trouvèrent place le Tribunal et la Chambre de Commerce.

Cette place leur ayant été retirée alors que, en 1853, la Bourse des Finances fut autorisée à occuper seule tout l'immeuble, la Chambre de Commerce dut adopter une combinaison proposée par la Ville et qui lui permit d'acquérir, de la Compagnie des Commissaires-priseurs, l'hôtel qu'elle occupe actuellement.

Indépendamment du prix d'acquisition, couvert tant au moyen de ressources disponibles que d'une avance complémentaire de la Ville de Paris, la Chambre eut à supporter, depuis lors, des dépenses d'appropriation pour l'aménagement de ses services particuliers, pour ceux du Bureau de conditionnement des soies et laines et pour l'installation de la Bibliothèque si appréciée du public commercial admis à la fréquenter.

Au point de vue de sa composition, la Chambre de Commerce comptait quinze membres seulement au début, en 1803. Un décret de 1853 porta leur nombre à vingt et un; il a été récemment élevé à trente-six, par décret du 2 décembre 1889.

La liste des Membres de cette Chambre, depuis son origine, constitue le livre d'or du commerce et de l'industrie. Tous leurs noms mériteraient d'être rappelés et notamment ceux des Présidents de cette grande Compagnie. Depuis l'année 1803, on en compte vingt-quatre, parmi lesquels il suffira de mentionner :

Vignon, Dupont de Nemours, Laffitte, Hottinguer, Barthélemy, Odier, Delessert, Legentil, Germain Thibaut, Davillier; plus récemment, MM. Denière, Gouin, Houette, Guibal, et, en dernier lieu, M. Gustave Roy et MM. les Sénateurs Dietz-Monnin et Poirrier.

Tous nous ont donné l'exemple du dévouement, de l'honneur et du devoir accompli; aussi sommes-nous heureux aujourd'hui, devant cette brillante assemblée, de rendre hommage à ceux qui nous ont précédés, et de témoigner, en même temps, notre vive gratitude à ceux qui, chaque jour encore, nous aident de leur expérience. (*Vifs applaudissements.*)

Lors de la constitution des Chambres de Commerce, leurs Membres étaient nommés par une assemblée de Notables, sous la présidence du Préfet. Le renouvellement biennal, par tiers, s'opéra ensuite, par voie d'élection, dans le sein de la Chambre, jusqu'au 21 décembre 1832. A cette époque, la nouvelle organisation des Chambres de Commerce, conformément à l'ordonnance royale du 16 juin de la même année, donna lieu au renouvellement intégral de ces Compagnies. L'assemblée électorale fut alors composée des Membres du Tribunal de Commerce et de la Chambre de Commerce avec un nombre égal de Notables choisis, pour moitié, par chacun de ces deux Corps.

Le 19 juin 1848, un arrêté du Pouvoir exécutif établit le suffrage universel pour l'élection des Membres des Chambres de Commerce et il fut

procédé à leur renouvellement intégral le 29 décembre de la même année.

En 1853, nouveau renouvellement intégral, en exécution du décret d'organisation du 3 septembre 1851. L'élection se fait alors par une assemblée de Notables, sur une liste dressée d'après les prescriptions des articles 618 et 619 du Code de Commerce.

Enfin, en 1872, des modifications ayant été apportées à la composition de la liste des électeurs, les Chambres de Commerce durent encore être intégralement renouvelées.

Depuis lors, les renouvellements partiels se sont effectués par tiers, tous les deux ans, et il n'y a pas eu lieu au renouvellement intégral des Membres de la Chambre de Commerce de Paris lorsque leur nombre fut porté de vingt et un à trente-six par un décret de 1889, attendu que ce décret ne changeait rien, d'ailleurs, au mode d'élection établi en raison de la loi du 21 décembre 1871 et du décret du 22 janvier 1872.

Ce sont les syndicats parisiens qui préparent les élections des Membres de la Chambre de Commerce et ils s'efforcent toujours d'attribuer, autant que possible, une part de représentation à chacune des principales branches du commerce et de l'industrie de la circonscription.

Celles qui se trouvent actuellement représentées à la Chambre de Commerce sont les suivantes :

Bâtiment, travaux publics, constructions mécaniques, constructions métalliques, carrières, charbon et industries qui en dérivent, papiers, verrerie, produits chimiques et pharmaceutiques, grande industrie chimique, teinturerie, instruments de musique, tissus de laine, de coton, draperie, chapellerie, cuirs et peaux, transports par eau et par chemins de fer, banque, exportation, imprimerie et librairie, joaillerie, orfèvrerie, horlogerie, coutellerie, fleurs et plumes, ameublements, vins et alcools, farines, fécules.

Ainsi composée, la Chambre de Commerce est toujours à même de se prononcer sur toutes les questions touchant aux intérêts parisiens qui embrassent, par le fait, la généralité des intérêts commerciaux, centralisés dans la capitale.

Sans entrer dans le détail des travaux annuellement accomplis par la Chambre de Commerce, il suffit de consulter les Recueils de ses Avis pour constater qu'ils ont porté sur tous les points intéressant le commerce et l'industrie. Les tendances de la Chambre de Commerce de Paris ont toujours été libérales. Se faisant l'interprète de la circonscription qu'elle représente, c'est en ce sens qu'elle s'est constamment prononcée, en matière de législation douanière, de traités de commerce, de réglementation et d'impôts, de tarifs des chemins de fer, de législation commerciale, etc.

Ce n'est qu'à partir de 1869 que cette Compagnie s'est trouvée à même de publier ses principaux Avis; mais, depuis lors, ces publications n'ont cessé de prendre une importance croissante. Après n'avoir formé, au début, qu'un recueil biennal, elles ont pu fournir, depuis 1883, la matière d'un volume annuel, et même, à partir de 1887, elles ont paru en deux fascicules semestriels. Les avis de la Chambre de Commerce reçoivent ainsi, dans le plus bref délai possible, une publicité qui pourrait perdre de son intérêt si elle se produisait tardivement.

La Chambre adresse, en outre, aux Syndicats et à la presse de Paris des extraits sommaires de ses principales délibérations, au fur et à mesure qu'elles ont été prises, et elle tient immédiatement, de cette façon, le public commercial au courant de ses travaux.

Il serait superflu de reproduire, à ce sujet, des indications connues de tous ceux qu'elles intéressent et dont le résumé, même le plus succinct, conduirait beaucoup trop loin.

Mais ce qu'il peut être bon de faire ressortir, c'est le résultat des efforts de la Chambre de Commerce de Paris pour la création et l'administration des établissements qu'elle a fondés dans l'intérêt du commerce.

Ce sont, d'abord, ses trois Écoles commerciales.

Celle de l'avenue Trudaine représente le premier degré d'enseignement technique et forme des employés très recherchés du commerce et de la banque. En même temps, par ses cours gratuits pour adultes hommes et femmes, cette École assure l'accès d'emplois rémunérateurs à une classe intéressante de travailleurs et prépare de très utiles recrues aux maisons parisiennes. On y compte 510 élèves des cours normaux et 900 élèves des cours gratuits du soir, tant hommes que femmes, soit un contingent total de 1410.

D'autre part, l'École Supérieure de Commerce, qui comporte un enseignement élevé, est particulièrement destinée à former des chefs de maison et des employés supérieurs. C'est le premier établissement qui ait été créé en France pour l'enseignement exclusif du commerce, et il n'a pas cessé, grâce au dévouement de professeurs distingués, de justifier la réputation qu'il s'est acquise depuis 1820, date de sa fondation. Il atteint presque toujours le maximum de son contingent, qui est de 150 internes ou externes.

Enfin, à l'École des Hautes Études commerciales, l'enseignement commercial atteint son niveau le plus élevé, tant par l'étendue du programme que par l'autorité de professeurs éminents et par les conditions d'admission imposées aux candidats.

Elle est destinée à couronner l'instruction des jeunes gens qui sortent des lycées et collèges en leur donnant les hautes connaissances nécessaires pour arriver promptement à la direction des affaires, de la banque, de l'industrie et du commerce intérieur ou extérieur. Elle est enfin, pour le commerce, ce que l'École des Arts et Métiers est pour l'industrie, et les promotions de ses élèves qui ont déjà pu entrer dans la carrière commerciale ont toutes fourni des sujets qui, par leur mérite personnel, témoignent de la valeur justement attachée à leurs diplômes. Cette école compte aujourd'hui 217 élèves, dont 60 internes et 151 demi-pensionnaires.

La Chambre de Commerce administre, en outre, la Manutention de la Douane, instituée pour faciliter aux négociants leurs rapports avec l'Administration douanière et pour recevoir, en transit, certaines catégories de marchandises destinées à la réexportation. La Manutention, qui entrepose ces colis, met, de plus, à la disposition des intéressés les entrepôts dits « Cabinets particuliers » qu'elle a été autorisée à établir à la Douane. Sous le contrôle de cette Administration, les locataires des cabinets dont il s'agit peuvent y exposer leurs marchandises afin de les écouler soit au dehors, soit en France même, sauf, en ce dernier cas, à acquitter les droits de douane. C'est donc une importante facilité que la Chambre offre ainsi au Commerce.

Cette Compagnie administre aussi, en vertu d'un décret du 2 mai 1853, un Bureau Public pour le conditionnement et le titrage des soies et laines. Établi dans son propre hôtel, ce Bureau fait, sur la demande des intéressés, toutes les opérations de pesage, de décreusage et de titrage destinées à déterminer la valeur marchande, en raison de la grosseur, de la régularité, de la ténacité et de l'élasticité des fils. Ce service, d'une inappréciable utilité pour le commerce, a toujours été l'objet de l'attention et des soins les plus directs de la Chambre de Commerce. Elle vient d'en donner une preuve récente en décidant de doter cet établissement de deux dynamomètres qui seront mis à la disposition des intéressés pour vérifier la résistance des tissus : toiles et cotons, lainages et draperies.

Quant à l'administration de la Bourse, elle devrait appartenir à la Chambre de Commerce, aux termes de l'article 13 de l'ordonnance royale du 16 juin 1832.

Mais, par une exception unique, la Chambre de Commerce de Paris se trouve écartée de l'administration de la Bourse des Finances, d'après les dispositions d'une loi spéciale.

Il n'en est pas de même, hâtons-nous de le dire, pour la Bourse des Marchandises, dont la Chambre de Commerce a réclamé, pendant de longues années, la création, depuis que les transactions financières avaient complètement évincé le commerce parisien de la Bourse de la rue Vivienne.

La Bourse des Marchandises existe aujourd'hui, dans des conditions dignes de la capitale de la France, et c'est à la Chambre de Commerce de Paris qu'en incombe l'administration. Quelque délicate que soit la situation dans laquelle la Chambre de Commerce se trouve placée par le cahier des charges de la concession de la Bourse, elle a déjà pu rendre au commerce les services qu'il est en droit d'attendre de sa direction attentive et de sa conciliante intervention, et elle ne faillira pas aux devoirs que lui impose sa mission.

Le local dont elle dispose, à la Bourse, lui permet d'y installer, en ce moment même, les réunions préparatoires de l'important Congrès de la Navigation intérieure qui aura lieu à Paris en 1892. Ce congrès est dû à l'heureuse initiative de M. le Ministre des Travaux publics, qui a donné à la Chambre de Commerce mission de l'organiser, avec le concours du Corps des Ingénieurs français, auxquels viendront se joindre les Ingénieurs les plus distingués de tous les pays.

J'ai le plaisir d'ajouter que M. le Président de la République, reconnaissant l'importance de cette grande réunion internationale, a bien voulu, par avance, lui accorder la faveur de son haut patronage. C'est pour nous un précieux encouragement, Messieurs, et nous tiendrons certainement à le justifier en nous efforçant d'accomplir notre tâche à l'honneur de la France.

Ajoutons incidemment que d'autre part, et sur l'initiative de M. le Ministre du Commerce, de l'Industrie et des Colonies, la Chambre de Commerce a été conduite à mettre à sa disposition une somme de 300000 francs, destinée à la création de lignes téléphoniques entre Paris et plusieurs villes de France. Grâce à la combinaison de M. le Ministre et au désintéressement de la Chambre de Commerce, douze de nos principales villes ont été, dans un délai de quatre mois, reliées à la capitale. (*Applaudissements.*)

Ce n'est pas seulement à l'occasion du Congrès international de la Navigation intérieure que la Chambre de Commerce compte utiliser la salle qui lui est attribuée dans le palais de la nouvelle Bourse. Plusieurs fois, dans le cours de chaque année, elle pourra la mettre à la disposition des groupes commerciaux qui font habituellement appel à son hospitalité. Cette salle, indispensable aux réunions hebdomadaires des Membres de la Commission de la Bourse, deviendra donc, en outre, un centre précieux pour les réunions d'intérêt commercial.

Dans son discours, lors de l'inauguration de cet établissement, M. le Préfet de la Seine constatait déjà ses conditions de vitalité. Il ne mettait pas en doute l'accroissement continu des affaires qui s'y traitent.

Comme il le prévoyait, sa sphère d'action ne pouvait que s'étendre en attirant autour du Syndicat général des Grains, Farines, Huiles, Sucres et Alcools, de nouveaux groupes de commerçants. Ce travail d'accroissement tend, en effet, à s'accentuer de jour en jour ; et, de toute façon, on peut constater, dès à présent, que la création de la Bourse de Commerce de Paris a produit les premiers résultats qu'on en devait attendre relativement au rapprochement des divers organes du commerce, antérieurement disséminés dans Paris.

A côté de la Chambre de Commerce et sous son patronage direct, fonctionne encore une Société dont les services sont des plus importants pour le développement de notre commerce extérieur. C'est la Société d'Encouragement pour le Commerce français d'exportation.

Depuis sa fondation, qui remonte à sept années, cette Société a déjà réparti sur les différents marchés d'outre-mer un nombre de plus de 350 patronnés. Elle a, en outre, à titre d'essai, accordé un certain nombre de bourses de séjour en Europe aux jeunes Français reconnus les plus aptes à en profiter et les mieux en état de se diriger ensuite sur les pays lointains. Bien que la situation difficile des États du sud de l'Amérique ait eu momentanément pour effet de diminuer le nombre des demandes visant les pays lointains, la Chambre de Commerce ne peut que se louer des résultats déjà obtenus par la Société d'Encouragement et elle se félicite hautement de l'initiative qu'ont bien voulu prendre, avec elle, les autres Chambres de Commerce en patronnant cette création. Elle doit surtout rendre hommage au généreux concours des souscripteurs qui s'associent à cette œuvre patriotique, dont l'existence et les progrès sont dus à leurs persévérants sacrifices. (*Applaudissements.*)

En mentionnant les services que la Chambre de Commerce s'efforce de rendre au commerce, il doit lui être permis d'insister sur celui qui consiste à mettre les importantes collections de sa Bibliothèque à la disposition du public. Il est admis, en effet, à les consulter, non seulement de jour pendant toute l'année, mais même le soir, de huit à dix heures, pendant les six mois d'hiver. Cette facilité, pour laquelle la Chambre s'impose de sensibles sacrifices, a d'ailleurs été si bien appréciée des visiteurs de sa Bibliothèque que leur nombre ne cesse de s'accroître. En même temps s'élève le chiffre des ouvrages économiques et autres dont s'enrichit incessamment le catalogue. Il suffit de rappeler, à cet égard, qu'en 1821, époque de sa fondation, la Bibliothèque débuta avec une première collection de 1200 volumes ou brochures et qu'elle en compte aujourd'hui 28000.

Suivant une proportion analogue, le nombre des lecteurs est arrivé à plus de 33 000 dans le cours de l'année 1890.

De tels résultats sont assez éloquents par eux-mêmes pour se passer de commentaires.

De ce résumé très incomplet, malgré son étendue, nous devons tirer cette conclusion que, de tout temps, la Chambre de Commerce de Paris a multiplié ses efforts pour donner à sa mission toute la portée et tout le fruit qu'elle comporte. (*Applaudissements.*)

Chaque époque a eu sa tâche; chaque génération a accompli l'œuvre du moment; et c'est ainsi que les créations utiles de la Chambre de Commerce se sont constamment multipliées, malgré ses ressources restreintes.

Ce qui est à l'honneur de son passé témoigne de ce qu'elle saura faire dans l'avenir lorsque, statuant sur les projets dont il est saisi, le Parlement aura réorganisé les Chambres de Commerce et élargi leurs attributions. N'oublions pas, Messieurs, que les Chambres de Commerce sont les véritables auxiliaires du Gouvernement et que leurs services sont d'autant plus précieux qu'elles connaissent parfaitement les questions sur lesquelles elles sont consultées.

Sans même attendre l'époque, sans doute prochaine, d'une réorganisation légale, la Chambre de Commerce de Paris poursuit sans cesse les créations qu'elle considère comme d'un impérieux et pressant intérêt.

C'est ainsi qu'elle s'attache, actuellement, à l'étude d'un projet de Musée national du Commerce et de l'Industrie.

Elle ne se dissimule pas les difficultés d'exécution d'un tel projet avec l'ampleur qu'il doit avoir pour être réellement profitable; mais il ne paraît pas admissible que la capitale de la France puisse rester, sous ce rapport, à l'état d'infériorité vis-à-vis de nos concurrents étrangers. Un effort s'impose et ce n'est pas seulement un légitime sentiment de fierté nationale qui le conseille; c'est encore et surtout l'aiguillon d'un intérêt bien entendu qui doit y pousser.

Aussi la Chambre de Commerce, en prenant l'initiative de cette question, dont la solution est depuis longtemps réclamée, croit-elle pouvoir compter sur la bienveillance efficace du Gouvernement et de la Ville de Paris, comme sur l'assentiment et le concours effectif des négociants et industriels intéressés; et quoi qu'il advienne, elle aura fait son devoir en mettant en avant une idée à la réalisation de laquelle elle est disposée à contribuer, non seulement par ses études, mais aussi par des sacrifices aussi larges que le lui permettront ses ressources.

Nos devanciers, Messieurs, nous ont donné l'exemple en marchant dans la voie du progrès; nous n'avons cessé de suivre leurs traces et notre espoir est de justifier par nos efforts et notre dévoûment le bienveillant appui du Gouvernement et de l'Administration ainsi que la confiance des électeurs commerciaux de qui nous tenons notre mandat. (*Vifs applaudissements.*)

Messieurs,

Excusez-moi de retenir encore un moment votre attention.

La Chambre de Commerce, charmée d'offrir aujourd'hui l'hospitalité à MM. les Ministres et à M. le Préfet de la Seine, a voulu leur laisser un modeste souvenir de cette fête. Elle a décidé, en assemblée générale, de faire frapper en or cinq jetons de présence portant en exergue les noms de MM. Jules Roche, Ministre du Commerce, de l'Industrie et des Colonies, Yves Guyot, Ministre des Travaux Publics, Ribot, Ministre des Affaires Étrangères, Bourgeois, Ministre de l'Instruction publique et des Beaux-Arts, et Poubelle, Préfet de la Seine.

Au nom de mes collègues et au mien, je vous prie, Messieurs les Ministres, et vous, Monsieur le Préfet, de bien vouloir accepter ces médailles : c'est un faible témoignage de la reconnaissance qui vous est due pour les éminents services que vous rendez sans cesse au commerce et à l'industrie et pour le dévoûment que vous apportez à la direction des affaires de notre cher et beau pays. (*Double salve d'applaudissements.*)

DISCOURS DE M. JULES ROCHE

Ministre du Commerce, de l'Industrie et des Colonies.

M. Jules Roche a répondu par le discours suivant :

Messieurs,

Vous avez bien voulu ajourner cette inauguration pour permettre au Ministre du Commerce d'y assister ; je n'y tenais pas moins que vous, Messieurs, et je suis heureux de pouvoir dans cette circonstance donner à votre Compagnie un nouveau témoignage de la haute estime dans laquelle la tiennent les Pouvoirs Publics, et particulièrement le Ministère auquel elle ressortit d'une façon plus spéciale.

Le rôle de la Chambre de Commerce de Paris est considérable ; l'énumération, que nous venons d'entendre, des diverses branches du commerce et de l'industrie qui y sont représentées, montre assez l'importance et la variété des intérêts qu'elle a pour mission de défendre et qui, par leur nombre et leur grandeur, constituent une des principales forces de ce pays. (*Applaudissements.*)

C'est là, Messieurs, ce qui vous assure une place à part et tout à fait prépondérante dans notre représentation commerciale.

Tandis que la plupart des Chambres de Commerce, — et non les moins éminentes, — représentent avant tout un intérêt particulièrement dominant dans leur circonscription, dont la défense devient leur préoccupation presque exclusive, vous êtes amenés, par le fait même de votre composition, à embrasser un horizon plus vaste.

C'est ainsi que votre Assemblée est capable de dégager des mille incidents de la vie industrielle une vue générale et éclairée des grands phénomènes économiques et de s'élever des intérêts particuliers de chaque branche de la production à la compréhension de l'intérêt général et supérieur du pays. De là, Messieurs, vient l'autorité toute spéciale qui s'attache à vos délibérations, et à laquelle je suis heureux de rendre témoignage. (*Vifs applaudissements.*)

Ce n'est cependant pas là le seul trait qui distingue cette Chambre de Commerce ; si en effet on cherche à dégager la caractéristique de tout cet ensemble si complexe qui forme le commerce et l'industrie parisienne, on constate qu'il est un lien qui unit les éléments très divers dont ils se composent, et pour ainsi dire une âme qui les anime : c'est l'exportation.

Le rayonnement de Paris, au point de vue commercial et industriel, aussi bien qu'au point de vue artistique et littéraire, s'étend au delà des bornes de la France; le monde entier est tributaire de son goût, de son ingéniosité, de ce charme particulier que revêtent ses plus modestes productions.

Mais autant nous pouvons mettre de légitime fierté à constater ces admirables dons naturels qui sont comme l'ornement de notre race, autant il serait imprudent de s'y fier entièrement, en présence de la concurrence sans cesse grandissante de nos rivaux industriels et commerciaux.

Vous l'avez admirablement compris, Messieurs, et vos œuvres en témoignent. Écoles commerciales, Société d'Encouragement pour le Commerce français d'exportation, bourses de séjour à l'étranger, toutes ces utiles créations concourent au même but, à la défense et à la propagation de notre exportation, condition essentielle, fondamentale, de la prospérité et de la grandeur du pays.

Le Gouvernement applaudit à vos efforts, il les encourage et vous savez qu'il fait, de son côté, tout ce qui est en son pouvoir pour qu'ils ne restent pas stériles.

Une de ses principales préoccupations, au cours du long débat qui va se terminer au Parlement, au milieu des difficultés si nombreuses, des problèmes si redoutables qu'il soulevait, a été celle de nos exportations.

Nous avons été assez heureux, et nous nous en félicitons hautement, pour obtenir de la sagesse des Chambres la franchise des matières premières; sans elle, j'en ai la conviction absolue, notre exportation eût été frappée d'un coup mortel. (*Applaudissements.*)

Mais ce n'est pas tout : nous vous avons conservé la possibilité de produire dans des conditions normales; il faut maintenant vous laisser celle d'exporter vos produits dans des conditions avantageuses. C'est la tâche qui nous incombe, tâche difficile, je ne crains pas de le dire, dans les circonstances qui nous sont faites au dedans comme au dehors.

Pour la mener à bonne fin, nous comptons sur le patriotisme de tous, des Pouvoirs publics comme des particuliers, et sur la coopération des organes autorisés du commerce et de l'industrie, au premier rang desquels, Messieurs, je place la Chambre de Commerce de Paris, que je remercie bien vivement de la sympathie qu'elle veut bien me témoigner. (*Applaudissements prolongés.*)

DISCOURS DE M. POUBELLE

Préfet de la Seine.

Messieurs,

Je suis très heureux que ma qualité de Président d'honneur de la Chambre de Commerce me permette de remercier M. le Ministre des paroles qu'il vient de nous adresser. Elles sont de nature à provoquer en vous un légitime orgueil; car, si votre Chambre possède les aptitudes multiples que son Président vient de rappeler avec tant d'à-propos, si elle réunit cette diversité de compétences qui tient à ce que chacun de vous est un maître dans la direction d'une grande branche de commerce ou d'industrie, vous avez, en outre, une ambition commune, qui est le lien et l'honneur de votre Compagnie : contribuer, en associant vos efforts et vos lumières, au développement de la prospérité de la France.

C'est à ce sentiment élevé que M. le Ministre a rendu particulièrement hommage, et tous nous avons été heureux de recevoir ce témoignage d'une bouche aussi autorisée.

Vous songiez, de votre côté, — tandis que M. le Ministre faisait ce retour un peu mélancolique, mais confiant néanmoins, sur la grande lutte d'où il vient de sortir, — combien vous avez eu à vous féliciter de voir les grands intérêts économiques du pays entre les mains d'un tel défenseur. Vous saviez que vous pouviez compter sur sa tenacité au travail, son ardent patriotisme, son intelligence éveillée de tous les grands intérêts, son désir de faire sortir de la lutte des passions et des intérêts contradictoires un résultat qui fût, en définitive, favorable au pays, qui assurât son avenir et qui, dans les conditions nouvelles de notre organisation économique, permît de maintenir la prospérité industrielle et commerciale de la France, et de la développer dans tous les champs ouverts à son activité. (*Vifs applaudissements.*)

Messieurs, ce qui me touche le plus dans les œuvres de la Chambre de Commerce ce sont ses œuvres d'enseignement, et surtout celles qui portent nos jeunes générations à essaimer, à se répandre au dehors. Vous créez par votre enseignement professionnel le goût du commerce; vous donnez, à ceux qui suivent les leçons et les cours que vous avez ouverts, la possibilité de se montrer utiles toujours, supérieurs quelquefois, et, par votre École des Hautes Études Commerciales, vous permettez aux futurs maîtres de maisons d'embrasser l'ensemble des connaissances générales, nécessaires au développement des affaires internationales.

Vous faites plus encore lorsque vous patronnez la Société d'Encouragement à l'exportation, lorsque vous envoyez nos jeunes Français porter au dehors, faire connaître partout les produits de notre goût et de notre industrie tout en s'enquérant des besoins des nations étrangères et des accès que notre commerce peut y trouver, s'il veut bien s'en donner la peine.

Il faut, Messieurs, que vous persévériez dans la voie ouverte par vous-mêmes; c'est de ce côté qu'il y a une issue pour notre activité.

Je suis préoccupé, plus que vous ne pouvez le penser, de la difficulté où sont les jeunes gens de notre pays de trouver une carrière en rapport avec leurs aptitudes. Notre enseignement, tel qu'il a été conçu, tel qu'il a fonctionné jusqu'ici, nous donne, à vingt ans, une génération de jeunes hommes qui, pour conquérir une position, se trouvent dans des conditions d'infériorité pratique véritablement effrayantes.

Pour les misérables emplois de 1800 francs dont je dispose à la Préfecture — et encore bien rarement — j'ai des milliers de candidats qui attendent pendant deux, trois, quatre années, patiemment, sans se décourager — n'ayant d'autre souci que de recruter des protecteurs de tous côtés — qui attendent, dis-je, que je veuille bien leur permettre de s'asseoir sur une chaise devant deux feuilles de papier et d'y rester tranquilles pour le reste de leurs jours. (*Vifs applaudissements.*)

Eh bien, Messieurs, je vous le demande, est-ce là le caractère de notre pays? Est-ce là le résultat de notre enseignement? Il se produit évidemment une contradiction entre le génie de la race et nos habitudes sédentaires. Nous sommes devenus le peuple le plus casanier de l'Europe. Après avoir fait toutes les croisades possibles nous ne voulons plus sortir de chez nous. C'est à vous, Messieurs, qu'il appartient de nous réveiller, de nous montrer le chemin, de nous faire comprendre que le monde ne finit pas aux fortifications de Paris, qu'il ne finit même pas à la Méditerranée et à la Manche, mais que de vastes marchés sont ouverts ailleurs à notre commerce et à nos entreprises.

Si nous ne voulons pas étouffer, il faut que nous sachions, d'une part, aller de l'avant, et, de l'autre, attirer dans notre pays certains produits pour renvoyer à notre tour nos productions à l'étranger. (*Applaudissements prolongés.*)

Eh bien, Messieurs, c'est le développement des langues dans les écoles de la Ville, dans vos écoles commerciales qui doit être le principal facteur de ce mouvement d'expansion. Si les jeunes Français sont incapables de comprendre le langage parlé, de lire ou d'écrire des correspondances commerciales, s'ils ne savent pas déchiffrer les documents statistiques ou les ouvrages économiques qui traitent des matières commerciales étrangères, vous n'en tirerez rien pour le développement de nos propres affaires. Il faut, avant tout, qu'ils aient la pratique aisée et complète de la langue des pays avec lesquels ils auront à négocier.

Toute institution qui aura pour effet d'envoyer, dans ce but spécial, les jeunes gens à l'étranger sera une institution de premier ordre. Celui qui connaît une langue ne demande qu'à s'en servir; il est plus enclin à sortir de France, certain qu'à l'étranger il sera encore chez lui; apte à traiter d'égal à égal, il voyage parce qu'il parle. Autant que la vapeur et l'électricité, la connaissance des langues est le véhicule des échanges et le grand entremetteur des transactions; elle est l'âme du commerce international!

Je sais, Messieurs, que vous êtes pénétrés des idées que j'exprime, mais j'insiste pour que vous donniez à notre jeunesse qui se morfond le moyen d'employer fructueusement son activité au dehors.

Nous devons déjà beaucoup, sous ce rapport, à l'initiative et à la persévérance de la Chambre de Commerce. Elle tiendra à honneur d'étendre davantage son action. Pour ma part, je serais heureux s'il m'était permis de seconder tout ce qu'elle voudra bien entreprendre dans cette direction. (*Applaudissements prolongés.*)

A la suite de ces discours, M. J. Roche, Ministre du Commerce, de l'Industrie et des Colonies, décerne quatre médailles d'honneur aux ouvriers les plus anciens et les plus méritants des services de la Chambre de Commerce.

Ce sont :

M. Louis Oury, employé au Bureau du Conditionnement des soies et laines, en qualité de peseur, depuis quarante ans;

M. Victor Lambert, taxateur à la Manutention de la Douane depuis quarante et un ans;

M. Auguste-Louis Lambert, chef ouvrier à la Manutention de la Douane depuis quarante-deux ans;

M. Alexandre Malin, ouvrier à la Manutention de la Douane depuis trente-huit ans.

Ces distinctions sont accueillies par de vifs et unanimes applaudissements.

M. le Ministre du Commerce termine la cérémonie par la remise de la décoration d'officier de la Légion d'honneur à M. Félix Dehaynin, Trésorier de la Chambre de Commerce et doyen de cette Compagnie. Il se déclare heureux de pouvoir attacher personnellement à la boutonnière du nouvel officier les insignes de la haute distinction que justifient ses longs et grands services à l'industrie, dont il est un des représentants les plus considérables.

Ces paroles et les remerciements adressés par M. Félix Dehaynin à M. le Ministre du Commerce sont couverts par une double salve d'applaudissements.

8064. — Librairies-Imprimeries réunies, rue Mignon, 2, Paris.

MOTTEROZ

www.ingramcontent.com/pod-product-compliance
Ingram Content Group UK Ltd.
Pitfield, Milton Keynes, MK11 3LW, UK
UKHW020423230726
13925UKWH00004B/1579